So lebt

Edinburgh

*Der perfekte Reiseführer
für einen unvergesslichen Aufenthalt
in Edinburgh inkl. Insider-Tipps, Tipps zum Geld-
sparen und Packliste*

Alina Buche

✈ INHALT

Das erwartet Sie in diesem Buch

Edinburgh, die bezaubernde Hauptstadt Schottlands, ist immer einen Besuch wert. Die Stadt beglückt seit jeher Touristen aus aller Welt – egal, ob sich das Interesse auf die berühmten Festivals der Stadt, die historischen Sehenswürdigkeiten wie Edinburgh Castle, den Einklang Edinburghs mit der umliegenden Natur oder die beliebten Shoppingmeilen der Stadt richtet, in Edinburgh ist für jeden etwas dabei. Aber wo fängt man in der Stadt überhaupt an? Wie kommt man dahin? Was muss man sehen und was eher nicht? Und wie ist die Stadt überhaupt entstanden? „Schottland lieben lernen: Der perfekte Reiseführer für einen unvergesslichen Aufenthalt in Edinburgh" liefert eine Antwort auf all diese Fragen. Mit Informationen über die Kultur Edinburghs, die Geschichte der Stadt und einem Überblick über die wichtigsten Sehenswürdigkeiten bieten wir hier Einblick in das Leben in Schottlands Hauptstadt. Wir führen Sie durch das Herz der Stadt mit Informationen über Edinburgh Castle, den Vulkanfelsen Arthur's Seat und den beeindruckenden Dom der Stadt bis hinunter in Edinburghs Hafenviertel und hinauf in die Highlands.

Hier erfahren Sie zahlreiche Anekdoten über die Attraktionen Edinburghs, die Ihren Besuch der Stadt noch interessanter machen: Wie die schottische Nationalspeise die Erfindung eines Fabeltieres ermöglicht hat, wie ein Krieg zwischen drei Nationen ausgelöst wurde, weil eine Frau einen Stuhl nach dem Pfarrer warf oder wie ein Hund mit der Liebe zu seinem Herrchen die ganze Stadt zu Tränen rührte – wir erzählen Ihnen die besten Geschichten und Legenden der Stadt.

Natürlich finden Sie hier auch zahlreiche Tipps, die Ihren Edinburgh-Trip zum perfekten Erlebnis machen: Sie erfahren, wo Sie komfortabel und kostengünstig wohnen können, welche kulinarischen Spezialitäten Schottlands Sie auf keinen Fall verpassen dürfen und wie Sie sich „Geld sparen" in der Stadt einfach machen können.

Herzlich Willkommen in der sensationellen Metropole Schottlands!

Leben und Kultur in Edinburgh

In Großbritannien bieten nur wenige Orte solch ein Ausmaß an Kultur, Architektur und Geschichte wie Edinburgh. Mit jährlich über 3,5 Millionen Besuchern aus aller Welt ist die Stadt eines der beliebtesten Reiseziele auf den britischen Inseln. Aber was macht die Stadt aus? Wie leben die Menschen hier? All das wollen wir in den folgenden Absätzen klären.

Edinburgh ist die zweitgrößte Stadt Schottlands mit etwas mehr als einer halben Millionen

Einwohner, nur geschlagen vom westlich gelegenen Glasgow. Erst im 15. Jahrhundert löste Edinburgh Perth als schottische Hauptstadt ab.

NAMENSGEBUNG

Der Name Edinburgh soll sich vom gälischen „Din Eiddyn" (Eiddyns Festung) ableiten und nach dem gododdischen König Clydno Eiddyn benannt sein. Eiddyns Festung soll sich zur damaligen Zeit am Castle Rock, dem Felsen, auf dem heute Edinburgh Castle thront, befunden haben. Durch zahlreiche Eroberungen Edinburghs durch die Engländer veränderte sich das „din" in „Din Eiddyn" zu einem „burgh", während aus dem Begriff „Eiddyn" nur „Edin" zurückblieb, sodass der Name Edinburgh entstand. Im schottisch-gälischen wird die Stadt als „Dùn Èideann" bezeichnet, was zu Deutsch „Festung am Hügelhang" bcdcutet.

Im Laufe der Jahrc wurde die Hauptstadt auch mit vielen Spitznamen bezeichnet. So wird die Stadt wegen ihrer Stellung als kulturelle Hochburg in den letzten Jahrhunderten auch als „Athen des Nordens" bezeichnet, nach einem Zitat des berühmten

Schriftstellers Theodor Fontane. Außerdem sei E-dinburgh Athen von der Topographie her sehr ähn-lich, mit dem Castle Rock und der Akropolis als Stadthöhepunkte, von denen aus flacheres Land zum Hafen führt.

Der Schriftsteller Sir Walter Scott, dem in Edin-burghs Innenstadt eine beeindruckende Statue ge-widmet wurde, bezeichnete Edinburgh als „Mine own romantic town" (zu Deutsch: „Meine eigene ro-mantische Stadt"). Beliebt war früher außerdem der Name „Auld Reekie" („Alte Verräucherte"), da die Stadt vom Land aus gesehen aufgrund der vielen Fabrikschornsteine aussah, als wäre sie in Rauch ge-hüllt.

GEOGRAPHIE

Edinburgh befindet sich in Lothian, einer Region im Osten Schottlands auf der Südseite des Meeresarmes Firth of Forth. Der frühere Bau der Stadt geschah vor allem um Castle Rock herum, doch die moderne Stadt Edinburgh soll auf sieben Felsen erbaut wor-den sein. Abgesehen von Castle Rock sind insbeson-dere Arthur's Seat, der ein beliebtes Wanderziel in der Nähe von Edinburghs Königsschloss ist, und der Calton Hill, einer der populärsten Aussichtspunkte über Edinburghs Innenstadt, bekannt. Die Stadt liegt auf einem Gebiet, das Produkt jahrhundertelanger vulkanischer Aktivität war, daher sind viele der Felsen erloschene Vulkanfelsen. Sowohl bei Castle Rock als auch bei Arthur's Seat handelt es sich um Überbleibsel eben dieser vulkanischen Aktivitäten.

Durch das Dean Village in Edinburgh fließt der Fluss Water of Leith und verleiht der Gegend durch seinen Einklang mit der umliegenden Architektur und Natur eine beeindruckende und mystische Atmosphäre. Edinburgh ist von einem Grüngürtel, einem durchgängigen System aus Grünflächen, umschlossen, die sich auch durch Stadtteile Edinburghs selbst hindurchziehen.

Die historische Innenstadt teilt sich in die südliche Old Town (zu Deutsch: Altstadt) und nördliche New Town (zu Deutsch: Neustadt). Die erste Besiedlung des Gebietes um Castle Rock und das dort errichtete Edinburgh Castle bilden das Zentrum der Old Town, die sich über die Royal Mile, eine Verknüpfung zentraler Straßen in der Altstadt, bis hin zum Holyrood Palace, dem schottischen Königshaus, hochstreckt. Die Royal Mile zwischen Burg und Schloss ist eines der beliebtesten Touristenziele Edinburghs mit ihren beeindruckenden architektonischen Meisterwerken wie St. Giles Cathedral und lebhaften Straßenzügen und Marktplätzen wie dem Grassmarket. Als die Old Town Edinburghs schließlich nicht mehr genug Raum für die stetig wachsende Einwohnerzahl bat, errichtete man im 18. Jahrhundert die New Town, die durch die Princes Street Gardens, einer Gartenanlage, von der Old Town getrennt wurde.

Im Norden der Stadt liegt der Stadtteil Leith, der den Hafen Edinburghs beherbergt und Zugang zum Meer bietet.

WIRTSCHAFT

Edinburgh hat, nach London, die zweitstärkste Wirtschaftskraft in Großbritannien und die höchste Anzahl von Menschen mit hohem Bildungsstand im ganzen Land. Im 19. Jahrhundert war Edinburghs Wirtschaft insbesondere für das Bankwesen, das Verlagswesen und die Brauereien der Stadt bekannt. Heute beschäftigt sich der ökonomische Sektor der

Stadt hauptsächlich mit Finanzen, wissenschaftlichen Nachforschungen, höherer Bildung und Tourismus. Die Arbeitslosenquote ist mit 3,6 %, verglichen mit dem Rest Schottlands und Großbritanniens, sehr niedrig.

Außerdem ist Edinburgh Zentrum des schottischen Regierungs- und Rechtssystems, insbesondere, seit das schottische Parlament und die schottische Exekutive sich im Jahre 1999 von London abgespalten haben.

Edinburgh ist nach London die am zweithäufigsten besuchte Stadt im Vereinigten Königreich.

RELIGION

Die Hauptkirche Schottlands, die Church of Scotland, ist größtenteils presbyterianisch ausgelegt. In Edinburgh hat sie circa 12.000 Mitglieder. Der protestantische Glaube wurde hier während der Reformation im 16. Jahrhundert eingeführt.

Die wichtigste Kirche in Schottlands Hauptstadt ist St. Giles Cathedral, die seit dem 12. Jahrhundert die Royal Mile in Edinburghs Altstadt ziert. Die Kathedrale wurde nach Saint Giles (zu Deutsch: der

Heilige Ägidius), dem Schutzpatron der stillenden Mutter und Hirten und der Beschützer vor Krankheiten wie Pest und Krebs, benannt. Montags bis freitags findet hier um 12 Uhr mittags eine kurze Andacht statt, sonntags finden um 8 und 10 Uhr morgens Messen statt, die man besuchen kann, während es nachmittags musikalische Unterhaltung in der Kirche gibt.

FESTIVALS

Sommerzeit in Edinburgh ist zugleich die Zeit der Festivals. Jedes Jahr finden in der Hauptstadt rund ein Dutzend verschiedener Festivals statt. Zu den bekanntesten zählen das Edinburgh International Festival, das Edinburgh Festival Fringe und das Royal Edinburgh Military Tattoo.

Das International Festival fand das erste Mal im Jahre 1947 statt und entstand, da man das Leben und die Kultur Schottlands nach dem Zweiten Weltkrieg wieder zum Aufblühen bringen wollte. Jedes Jahr werden hier Talente aus den Bereichen Theater, Musik und Oper aus aller Welt eingeladen. Zugleich finden in ganz Edinburgh Workshops und

Ausstellungen zu den verschiedensten Themen statt.

Das Fringe Festival beschäftigt sich vor allem mit ungewöhnlichen Veranstaltungen in Bereichen wie Tanz, Theater und Comedy und findet jedes Jahr im August mit über 50.000 Vorstellungen und Veranstaltungen in der ganzen Stadt verteilt statt. Ursprünglich war das Fringe Festival als Gegenveranstaltung zum eher klassisch angelegten International Festival gedacht, daher fokussierte es sich auf unkonventionelle Ortschaften und Performances.

Das Royal Edinburgh Military Tattoo entstand im Jahr 1950 aus dem Wunsch der britischen Armee, sich während des International Festivals ebenfalls präsentieren zu können. Neben Militärtruppen treten hier für einige Wochen im August auch viele zivile Tanztruppen auf. Traditionell treten zum Abschluss des Festivals alle Musiker in einer Gemeinschaftsperformance auf, außerdem gehört ein Auftritt der Massed Pipes and Drums fest zu den Feierlichkeiten dazu, in dem eine Formation aus Militärkapellen mit Trommlern und Dudelsackspielern einige Stücke zum Besten gibt. Das Military Tattoo findet normalerweise auf dem Schlossvorplatz statt.

Für Liebhaber von anderen Kunstformen sind

das Edinburgh International Book Festival oder das Edinburgh International Science Festival ein mögliches Highlight des Besuchs der Stadt. Das Book Festival ist das größte seiner Art auf der ganzen Welt und beinhaltet unter anderem eine Vielzahl an kulturellen und politischen Debatten sowie ein sehr beliebtes Programm für Kinder mit Workshops zum Geschichten schreiben. Zusätzlich finden zahlreiche Signierstunden und Paneldiskussionen statt und man kann mit berühmten Gästen wie Margaret Atwood, Al Gore oder J. K. Rowling rechnen.

Das Edinburgh Science Festival findet jährlich in den Osterferien statt und ist die größte Wissenschaftsveranstaltung im Vereinigten Königreich mit über 270 Aktivitäten für Groß und Klein, inklusive Tätigkeiten, die man im National Museum of Scotland selbst ausprobieren kann und Podiumsdiskussionen über verschiedenste Themen.

Edinburgh während der Festivalzeit zu erleben, bietet vor allem für Liebhaber von Musik und Tanz unglaubliche neue Erfahrungen. Die Stadt stellt sich hier in all ihrer Pracht als Blüte der Kultur dar und erschafft eine unvergessliche Atmosphäre der Feierlichkeit und Freude. Tickets für die Festivals sollten allerdings schon weit im Voraus gekauft werden; die Festivals sind schließlich weltweit berühmt und jedes Jahr aufs Neue sehr gut besucht.

Edinburghs Hogmanay
Eine weitere feierliche Veranstaltung in Edinburgh, die eine besondere Erfahrung für Besucher aus aller Welt darstellt, ist das jährliche Hogmanay, die schottische Silvesterfeier. Hogmanay wird mit vielen interessanten Bräuchen gefeiert, die in der schottischen Hauptstadt erlebt werden können.

Eine dieser Traditionen ist First-Footing, wo Freunde und Familie einander besuchen und sich gegenseitig mit Whisky und einem Stück Holzkohle beschenken. In schottischer Folklore ist der „first-foot" (zu Deutsch: erster Fuß) die erste Person, die ein Haus am Neujahrstag betritt und wird als Glücksbringer für das neue Jahr gesehen.

In Edinburgh dauern die Feierlichkeiten zum Hogmanay vier Tage lang an, in denen zahlreiche Prozessionen, Konzerte und Feuerwerke stattfinden. Die Silvesterfeier gehört hier zu einer der größten auf der ganzen Welt und wurde sogar schon im Guiness-Buch der Rekorde vermerkt.

Tickets für die stattfindenden Konzerte sollte man nach Möglichkeit schon früh im Voraus erwerben, denn die Neujahrsfestlichkeiten sind immer sehr beliebt.

KULTURELLE VIELFALT IN EDINBURGH

Auch außerhalb der Festivalsaison gehört Edinburgh zu einer der kulturellen Hochburgen Großbritanniens. Die Stadt ist die Heimat vieler renommierter Komponisten, wie zum Beispiel Nigel Osborne und John McLeod, deren Musik regelmäßig von britischen Radiosendern gespielt wird. Ebenso unterstützt die Stadt Edinburgh verschiedene Theater- und Produktionsunternehmen, die Stücke verschiedenster Genres auf die Bühne bringen.

Natürlich sind Edinburgh und auch ganz Schottland für ihre interessante musikalische Szene bekannt, sowohl was klassische als auch was moderne Musik betrifft. Traditionelle schottische Musik ist im ganzen Land noch oft zu hören. So haben Sie gute Chancen, auf der Royal Mile in Edinburgh einen Dudelsackspieler anzutreffen und in vielen Pubs der

Stadt kann man abends echte schottische Volkslieder genießen.

NATIONALGERICHTE UND SPEZIALITÄTEN

Haggis: Wie Schottlands Nationalgericht zur Erfindung eines Fabelwesens führte

Eine gewöhnungsbedürftige Spezialität der schottischen Küche ist Haggis, ein beliebtes Fleischgericht. Es besteht aus dem Magen eines Schafes, der mit Zwiebeln, Mehl, Herz, Leber und Lunge vom Schaf befüllt wird. Haggis ist zwar typisch schottisch, aber Abwandlungen des Gerichts sind auch im restlichen Vereinigten Königreich zu finden, wie zum Beispiel die englischen hog puddings. Im Vergleich mit deutschen Gerichten ist Haggis sehr ähnlich zu Rezepten für den Pfälzer Saumagen oder der westfälischen Stippgrütze. Gerichte wie Haggis wurden erfunden, um Schlachtreste zu verwerten, bevor diese schlecht werden. Zu Haggis werden traditionellerweise Kartoffeln und Kohlrüben serviert, man kann es aber auch mit Pommes Frites in Fast-Food-Shops bestellen.

Schottland erntet seit jeher viel Spott für Haggis, insbesondere in England, und revanchiert sich dafür aber auf die beste Weise: Englischen Touristen wird die Geschichte über ein erfundenes Haggis-Tier berichtet, um sie aufzuziehen. So gäbe es „Low-flying-Haggis" (zu Deutsch: „tief fliegende Haggis"), die so schnell über die schottischen Highlands hinwegflögen, dass sie nie zu sehen sind, und „Left-driving-Haggis" (zu Deutsch: „links fahrende Haggis"). Die Left-driving-Haggis sollen links kürzere Beine haben als rechts, um bessere Balance an den steilen Hängen der Highlands zu garantieren, aber bei der Fortbewegung führe die ungleiche Beinlänge zu einer durchgängigen Linkskurve. Der „Legende" nach kann man ein Haggis am besten fangen, wenn man es ins Flachland treibt, da es dort nicht mehr gerade stehen kann und daher umkippt. Außerdem sei der Dudelsack ein wichtiger Bestandteil jeder Haggis-Jagd, da man damit die Paarungslaute der Haggis imitieren könne. Die Haggis-Tiere sind heutzutage eine wahre Tradition Schottlands geworden, die auch in Medien gebraucht werden und in vielen Souvenirläden zu finden sind.

Haggis kann man zum Beispiel im Royal McGregor Pub oder in der Whiski Bar (beides in der High Street) probieren.

Schottischer Black Pudding und Meeresgerichte
Ein weiteres eher fragwürdig klingendes schottisches Nationalgericht ist der Stornoway Black Pudding, der aus Bratwursthack, Schweineblut, verschiedenen Gewürzen und Haferflocken hergestellt wird. Der Pudding gilt jedoch als eins der besten Fleischgerichte Großbritanniens und wird deshalb auch von Touristen gerne probiert. Stornoway Black Pudding wird zum Beispiel von Crombies in der Broughton Street und bei der Metzgerkette Charles MacLeod an verschiedenen Standorten in der Stadt verkauft.

Mit seinem Hafenviertel in Leith und der Lage am Firth of Forth ist es kein Wunder, dass Edinburgh auch Heimat von exquisiten Fischereien und Fischgerichten ist. Besonders der schottische Räucherlachs soll unübertreffbar sein und kann in den zahlreichen Fischrestaurants der Innenstadt oder auch direkt am Hafen im Stadtteil Leith probiert werden.

Zum Vergnügen: Schottische Desserts und Whisky

Natürlich ist in Edinburgh auch für alle Naschkatzen gesorgt: So serviert die Whisky-Bar nicht nur die berühmten Haggis, sondern auch Cranachan, ein Dessert aus Sahne, Honig, Whisky, Haferflocken und frischen Himbeeren. Cranachan wird in Schottland vor allem zu besonderen Anlässen serviert und wird auch als „unbestrittener König der schottischen Desserts" bezeichnet.

Ein weiterer beliebter Nachtisch in Großbritannien sind sogenannte Teacakes, die normalerweise zum nachmittäglichen Tee oder Kaffee serviert werden. Die weichen Baiser-Kekse, umhüllt mit Schokolade, können in fast allen örtlichen Supermärkten (zum Beispiel bei Sainsburys oder Tescos) gekauft und sogar bei Amazon bestellt werden.

Zuletzt ist natürlich auch das schottische Nationalgetränk und größte Exportgut des Landes nicht zu vergessen: der Whisky.

Ein guter Whisky ist fast in jeder Bar in Edinburgh zu finden. Für Interessierte eignet sich besonders Bennets Bar, die über 150 verschiedene Sorten anbietet.

Auch eine Whisky-Probe gehört für viele zu einer echten Reise nach Edinburgh dazu und ist in zahlreichen Pubs in der Stadt verfügbar.

Die Geschichte Edinburghs

Edinburgh ist eine Stadt mit einer blutigen Geschichte und wenn Sie einen Schotten fragen, was das größte Problem der schottischen Stadt im Laufe der Jahrhunderte war, ist es gut möglich, dass Sie ein gegrinstes (oder sogar ernst gemeintes) „Engländer!" als Antwort bekommen.

Schon zur Bronzezeit siedelten die Menschen in Edinburgh, aber erstmals historisch erwähnt wird die Stadt in der Royal Charter im Jahre 1124. Man geht heutzutage davon aus, dass der Castle Rock,

einer der Vulkanfelsen, eine gute Verteidigungs-
stätte darstellte und daher Grund für die Besiedlung
des Ortes war. Mehrere keltische Stämme ließen sich
schon ab der Zeit von 850 v. Chr. um Castle Rock
herum nieder.

Und hier kommen wir schon zu den Engländern,
die bereits im 6. Jahrhundert nach Norden vorrück-
ten und den Südosten Schottlands kolonisierten. Der
damalige König Edwin ließ die bestehende Siedlung
zerstören und auf dem Castle Rock eine Festung errichten, die den Schotten zwar bis ins 11. Jahrhundert hinein als Festung diente, aber nicht verhindern
konnte, dass die Stadt sieben Mal von Engländern
überfallen wurde.

Im 11. Jahrhundert begann auch das eigentliche
Wachstum Edinburghs. Zu Beginn des 12. Jahrhunderts wurde auf dem Felsen der Bucht Firth of Forth
eine Burg vom damaligen König Malcolm III Can-
more gebaut und sein Sohn gründete auf ebendie-
sem Felsen die Augustinerabtei Holyrood. Durch die
Sicherheit, die diese Gebäude boten, entwickelte sich
schnell eine kleine Stadt, die aber während des 13.
und 14. Jahrhunderts häufig angegriffen und auch zu
Teilen zerstört wurde. Erst Mitte des 15.

Jahrhunderts erholte sich Edinburgh von den Angrif-
fen und gewann für Schottland an Bedeutung. Die
erste Stadtmauer wurde 1450 errichtet; das um-
fasste Gebiet war sehr klein und daher leicht zu ver-
teidigen.

Die Blütezeit Edinburghs begann: Die Chirurgi-
sche Fakultät wurde gegründet und der Buchdruck
eingeführt. Mit dem Tod von James IV im Jahre 1513
kamen jedoch schon neue Probleme für Edinburgh
auf: Nachdem eine Heirat zwischen Mary Stuart, der
Königin der Schotten, und dem Sohn von Heinrich
VIII von England nicht zustande kam, plünderten die
Engländer erneut Schottland. Die schottische Königin suchte Exil in Frankreich, doch Edinburgh war
auch weiterhin häufig in die Konflikte zwischen ihr
und ihren Feinden verwickelt.

Edinburgh entwickelte sich trotz aller Schwierigkeiten zusehends weiter, obgleich die Stadtentwicklung geographischen Einschränkungen trotzen
musste: Durch die felsige Gegend und den großen
See am Burgfelsen konnte die Stadt nicht in die
Breite wachsen. Stattdessen baute man in die Höhe
und setzt auf schmale, hohe Häuser und enge Gassen, sogenannte Closes.

Zugleich kam es zu weiteren Spannungen im Land, da nun auch Edinburgh von der Reformation erfasst wurde und die Schotten mit dem Reformationsgedanken sympathisierten. 1560 gründete das schottische Parlament schließlich nach zahlreichen Aufständen eine protestantische Kirche, die die Autorität Roms ablehnte.

Weitere Unruhen erschütterten Edinburgh zu Beginn des 17. Jahrhunderts. Mary Stuarts Sohn, König James VI von Schottland, bestieg auch den englischen Thron, nachdem Elizabeth I, die letzte Monarchin der Tudor-Dynastie, verstorben war. So kam es zu einer schottisch-englischen Union, die aber von politischen Konflikten geprägt war. Kurz darauf kam es zu religiösen Spannungen zwischen England und Schottland, als der englische König einen Versuch unternahm, die anglikanische Kirche im presbyterianischen Schottland zu etablieren. Der Widerstand der Schotten kulminierte in einem Bürgerkrieg.

Die Stadt Edinburgh entwickelte sich stetig weiter, doch verlor nach der Vereinigung Englands und Schottlands im Jahre 1707 stark an Prestige, da das schottische Parlament nun als Teil des britischen Parlaments in London seinen Sitz hatte.

Im 18. Jahrhundert blühte Edinburgh jedoch erneut auf und wurde zu einer Quelle der Wissenschaft und Kunst. Schottische Mediziner wurden durch ihre Erfindungen weltweit berühmt und die Stadt zog Maler und Philosophen aus ganzer Welt an. Die Popularität Edinburghs verlieh ihr sogar den Spitznamen „Athen des Nordens". Nun bekam Edinburgh auch die Möglichkeit neuen Wachstums, da der Stadtrat sich entschied, am Fuße des Burgfelsens einen neuen Stadtteil zu errichten. Hier entstand in den nächsten Jahren die New Town von Edinburgh, entworfen von einigen der bedeutendsten Architekten der damaligen Zeit. Die schottische Hauptstadt wuchs sowohl in Bevölkerung als auch in Nationalbewusstsein und Stolz und distanzierte sich zunehmend von England.

In den 1830er Jahren kam die Blütezeit Edinburghs jedoch erneut zu einem abrupten Ende: Die Künstler und Philosophen der Stadt bevorzugten London als Hochburg der Künste und trotz fortschreitender Industrialisierung hatte Edinburgh nun nur noch geringe Bedeutung außerhalb von Schottland. Auch ökonomische Probleme und Stagnation während der Weltkriege schadeten der schottischen Hauptstadt im 20. Jahrhundert. Erst nach dem Zweiten Weltkrieg gewann Edinburgh erneut an Bedeutung und wurde zur kulturellen Hochburg. Seit den 90er Jahren sind die Neu- und Altstadt von Edinburgh Teil des UNESCO-Weltkulturerbes und der finanzielle Sektor der Stadt bleibt in Großbritannien nur hinter London zurück.

Ein Prozess der Devolution führte zu einer höheren Autonomie der Schotten in Großbritannien in den 90er Jahren. Ein schottisches Parlament wurde etabliert und tagt in Edinburgh, sodass dem schottischen Staat mehr Unabhängigkeit gewährt wird.

Sightseeing in Edinburgh

För einen echten Sightseeing-Trip durch E-
dinburgh beginnt man am besten an der Royal Mile in der Old Town. Vom Edinburgh
Castle, der Burganlage der Stadt, vorbei an der Stadtkirche St. Giles, dem Grassmarket und Greyfriards
Kirkyard hin zum schottischen Königsschloss, dem
Holyrood Palace, ist man umgeben von beeindruckenden Sehenswürdigkeiten.

In der New Town darf man sich einen Trip entlang der Princes Street und den Ausblick vom Calton

Hill auf keinen Fall entgehen lassen.

Für Unterhaltung bei schlechtem Wetter sorgen die National Gallery und das National Museum of Scotland. Mit Ausstellungsstücken aus aller Welt ist hier für jeden etwas dabei.

Ein Ausflug in die Natur Edinburghs führt ins Dean Village, dem alten Mühlendorf entlang des Flusses Water of Leith, das eine Pause von der belebten Innenstadt Edinburghs bietet und mit seinem natürlichen Charme bezaubert.

Für einen Spaziergang entlang des Wassers ist in Edinburgh auch die Gelegenheit gegeben; das Hafenviertel Leith beeindruckt außerdem mit der alten Yacht des britischen Königshauses, die hier besichtigt werden kann.

ENTLANG DER ROYAL MILE

The Royal Mile
Ein Sightseeing-Trip durch Edinburghs Innenstadt beginnen Sie am besten auf der Royal Mile, einer Abfolge zentral gelegener Straßen durch Edinburghs Old Town. Die berühmte Strecke verbindet Edinburgh Castle mit dem Holyrood Palace, doch auch der Weg zwischen den beiden berühmten

Sehenswürdigkeiten ist voller Überraschungen und architektonischen Wunderwerken. Auf der Strecke zwischen dem Castle und dem Palace kommen Sie am schottischen Parlament und der Hauptkirche St. Giles Cathedral vorbei. Die Royal Mile ist eine vielseitige und außergewöhnliche Mischung aus Shops, Restaurants und Touristenattraktionen, die Sie auf keinen Fall verpassen dürfen.

Edinburgh Castle

Edinburgh Castle steht im Zentrum von Edinburgh auf dem Castle Rock und gilt als eine der bedeutendsten Sehenswürdigkeiten ganz Schottlands. Die erste zweifelsfreie Erwähnung der Burg findet sich in einer Chronik Schottlands aus dem 14. Jahrhundert, doch man vermutet, dass dort in früheren Zeiten ebenfalls Burgen ihren Standpunkt hatten. Die frühsten Zeichen von Zivilisation und Besiedlung um Castle Rock stammen sogar aus dem 9. Jahrhundert vor Christus. Edinburgh Castle wurde während der schottischen Unabhängigkeitskriege und auch in den darauffolgenden Jahrhunderten mehrfach von englischen Truppen erobert und von schottischen Truppen zurückerobert. Nachforschungen aus 2014 geben an, dass die Burg in ihren 1100 Jahren ganze

26 Mal eingenommen wurde und damit einer der am häufigsten attackierten Orte der Welt und der am häufigsten besetzte Platz in Großbritannien ist. Unter der Herrschaft der Stuarts wurde Edinburgh Castle zu einer der wichtigsten Königsburgen Schottlands.

Seit 1996 befindet sich der legendäre Stone of Scone (zu Deutsch: „Stein von Scone", Scone war eine frühere Bezeichnung von Edinburgh) wieder in Edinburgh Castle. Auf dem Stein wurden seit dem Mittelalter die schottischen und später auch die englischen Könige gekrönt. Seit 1296 befand sich der Stein unter dem Königsthron von Westminster Abbey, nachdem die Engländer ihn bei ihrer Eroberung der Burg mitgenommen hatten. Erst Ende der 1990er Jahre fand er schließlich seinen Weg zurück nach Edinburgh Castle.

Zuvor hatte der Stein allerdings in den 1950er Jahren Schottland noch einmal erreicht. Der Stone of Scone, der auch Stone of Destiny (zu Deutsch: „Stein des Schicksals") genannt wird, wurde seit jeher als Symbol schottischer Einheit gesehen und der Diebstahl der Engländer wurde nicht auf die leichte Schulter genommen. Vier Studenten der Glasgow

Universität (Ian Hamilton, Gavin Vernon, Kay Mathe-
son und Alan Stuart) entschieden sich also im De-
zember 1950, den Stein aus der streng bewachten
und weltberühmten Westminster Abbey in London
zu entwenden. Hamilton wurde bei einem Ein-
bruchsversuch gefasst, doch die anderen drei Studenten schlichen sich in der darauffolgenden Nacht
in die Kirche. Als sie den Stein unter dem Thron von
König Edward 1. hervorzogen, zerbrach er in zwei
Teile. Erst nach einigen Schwierigkeiten (und unangenehmen Gesprächen mit neugierigen Polizisten)
konnten die Männer schließlich mit den zwei Teilen
des Steines entkommen. Die Studenten vergruben
die Teile für eine Zeit, bevor sie den Stein reparier-
ten. Dann ließen sie den Stein in Arbroath Abbey, in
der Kirche, in der 1320 die Wichtigkeit der Unabhängigkeit Schottlands von den Engländern unter-
strichen wurde, zurück. 1952 wurde der Stone of
Scone nach Westminster Abbey zurückgebracht.

Grassmarket
Der Grassmarket liegt in Edinburghs historischer
Altstadt nicht weit von der Burg entfernt und war in
Vergangenheit ein mittelalterlicher Marktplatz, auf
dem sich heute historische Bauten mit kleinen Cafés

und Pubs mischen und eine lebhafte Atmosphäre erschaffen. Der Ort ist bekannt für manche der besten Restaurants und Kneipen in ganz Edinburgh und bietet hervorragende Shoppingmöglichkeiten.

Damals war der Grassmarket als einer der ärmeren Plätze der Stadt bekannt und wurde mit irischen Immigranten assoziiert, dennoch galt er als Mittelpunkt der Altstadt. Vom 14. bis 19. Jahrhundert wurde auf dem Marktplatz hauptsächlich Pferde- und Rinderhandel betrieben, außerdem war der Grassmarket damals berühmt, da hier häufig Exekutionen stattfanden. Einige der lokalen Pubs erinnern heute noch an die blutige Geschichte des Platzes, so zum Beispiel „The Last Drop" (zu Deutsch: „Der letzte Tropfen"), dessen Aushängeschild ein Galgen ziert, und „Maggie Dickson's", dessen Hauswand die Geschichte ihrer Hinrichtung erzählt.

Maggie Dicksons Geschichte, so wie sie an der Hauswand des Pubs erzählt wird, ist eine der berühmt-berüchtigten Anekdoten der Edinburgher Stadtgeschichte. Maggie war eine arme Fischverkäuferin im 18. Jahrhundert, die nach einer Affäre mit dem Sohn des Wirtes, bei dem sie arbeitete, schwanger wurde. Aus Angst um ihre Anstellung verbarg sie die Schwangerschaft. Bei der Geburt starb der Säugling, worauf Maggie beschloss, die Leiche des Kindes ans Ufer des River Tweeds zu bringen, wo sie es zurückließ. Die Leiche wurde schnell gefunden und Maggie wurde wegen Mordes an ihrem Kind zum Tode verurteilt. So wurde Maggie 1724 auf dem Grassmarket in Edinburgh gehängt und zur Bestattung fortgebracht. Während des Transports hörte der Begleiter allerdings seltsame Geräusche aus dem Sarg, öffnete ihn und fand Maggie quicklebendig darin vor. Ihr Fall wurde neu verhandelt, aber die Autoritäten entschieden, dass ihre Strafe ausgeführt worden war. Maggie lebte noch weitere 40 Jahre und war von dort an als „Half-Hangit Maggie", die halb erhängte Maggie, bekannt.

Darüber hinaus war der Grassmarket in den 1820er Jahren Schauplatz für die Verbrechen der berühmten Mörder Burke und Hare, die hier mindestens 18 Menschen in eine nahegelegene Sackgasse lockten, sie erstickten und ihre Leichen an die medizinische Fakultät verkauften.

Der Grassmarket bietet hier also eine bunte Mischung aus historischen Anekdoten, vielfältigen Boutiquen und Souvenirshops sowie abwechslungsreichen Restaurants und Cafés. Als Fotomotiv wird hier auch gerne die vom Grassmarket abzweigende Victoria Street genutzt, die besonders wegen der bunt bemalten Fronten der Geschäfte auf der Straße ein echter Hingucker ist.

St. Giles Cathedral

Auf Ihrem Weg über die Royal Mile durch die Innenstadt von Edinburgh wird Ihnen St. Giles Cathedral schnell ins Auge springen. Die Hauptkirche Edinburghs wurde im 12. Jahrhundert erbaut und Ende des 14. Jahrhunderts nach einem Brand im gotischen Stil wiederaufgebaut. Während der Reformation im 16. Jahrhundert predigte der berühmte schottische Reformator John Knox in St. Giles und auch in den folgenden Jahren war St. Giles häufig im Mittelpunkt religiöser Konflikte zwischen den Anglikanern und Presbytern.

Die englische und schottische Kirche lagen nach der Reformation im Zwist, da die Schotten die Einsetzung von Bischöfen, die von den Engländern ausgewählt wurden, nicht akzeptieren wollten. Der Konflikt kam zum Höhepunkt, als in der schottischen Kirche auch ein Gebetsbuch der englischen Liturgie eingeführt werden sollte. Während der Einführung dieses Gebetsbuches in St. Giles hatte die Marktfrau Jenny Geddes genug vom Zwang der englischen Kirche und stand daher auf und warf einen Stuhl nach dem Pfarrer. Dies war der Anfang eines großen Tumultes, in dem weitere Stühle und auch Bibeln nach dem Pfarrer geworfen wurden. Der Aufstand wird heutzutage als einer der Auslöser der Kriege der drei Königreiche zwischen England, Irland und Schottland gesehen. Manchmal reicht es anscheinend, einen einfachen Stuhl zu werfen, um einen nationalen Konflikt ausarten zu lassen.

Mary King's Close

Von der Royal Mile in Edinburghs Altstadt zweigen unzählige kleine Gassen und Hinterhöfe ab, die Richtung Norden und Süden wegführen und die fünf Straßen, die zu Royal Mile gehören, verbinden. Die Gassen werden in Edinburgh als „close" bezeichnet (ein schottischer Term für Gasse). Häufig wurden die Gassen nach berühmten Bewohnern der naheliegenden Häuser benannt.

In der Vergangenheit war Edinburgh vor ein Problem der Stadtentwicklung gestellt worden: Durch die felsige Gegend war es schwierig, die Stadt zu vergrößern. Außerdem war es gefährlich, die

Stadt außerhalb der Stadtmauern zu erweitern, da Edinburgh regelmäßig unter Attacke der Engländer stand. Deshalb entschied man sich in Edinburgh, die Häuser sehr dicht aneinander und in die Höhe zu bauen. Zwischen den Häusern und den größeren Straßen wurden dann für besseren Durchgang die Gassen errichtet, die häufig sehr eng und von hohen Häusern umgeben sind. Viele dieser Gassen führen auch unter der Royal Mile entlang, weshalb Edinburgh auch als „Stadt unter der Stadt" bekannt ist.

Mary King's Close ist eine dieser vielen Gassen, die von der Royal Mile abzweigen. Diese Gasse führt sogar unter die Gebäude der berühmten Einkaufsstraße. Die berühmte Gasse ist nach Mary King benannt, einer Händlerin, die in eben dieser Straße im 17. Jahrhundert gelebt haben soll. Mary King's Close ist umwoben von Mythen und Sagen: Hier soll es schon seit Jahrhunderten spuken.

In unmittelbarer Nähe von Mary King's Close befand sich damals Nor Loch, ein stark verschmutzter Sumpf, der einen sehr unangenehmen Geruch ausgebreitet und dessen Biogase Halluzinationen verursacht haben sollen. Im Abendlicht sahen die aufsteigenden Gase aus wie Geister und erschufen so viel

Material für Grusel- und Spukgeschichten. Als 1645 die Pest in Edinburgh ausbrach, wurde Mary King's Close für den Ausgangspunkt der Epidemie gehalten und daher von den Stadtvätern Edinburghs zuge- mauert – während zahlreiche Menschen sich noch in der Gasse befanden. Die „Stadt über der Stadt" ent- wickelte sich hier in den nächsten Jahrhunderten, als neue Gebäude über den zugemauerten Gassen ent- standen.

Erst im Jahre 2003 wurde Mary King's Close wieder für die Öffentlichkeit geöffnet. Heutzutage ist die Gasse eine berühmte Touristenattraktion. Es werden regelmäßig Touren über die mystische Seite Edinburghs angeboten und bis heute glauben einige, dass die Geister der Pestopfer immer noch durch Mary King's Close spuken …

Greyfriars Kirkyard

Am südlichen Ende von Edinburghs historischem Stadtkern liegt der Friedhof Greyfriars Kirkyard. Der Kirchhof wurde in den 1560er Jahren eingerichtet, um den Friedhof der St. Giles Cathedral zu entlasten. Greyfriars ist ein Ort des Friedens und der Natur in Edinburghs belebter Innenstadt, doch hier trifft man auch viele Fans von J. K. Rowlings berühmter Harry

Potter-Serie an, da einige der hier Begrabenen als Namensgeber für die beliebten Charaktere ihres Zaubereruniversums bekannt sind.

Was den Friedhof außerdem zu einem beliebten Ziel für Touristen macht, ist die Legende des Greyfriars Bobby. Bobby war ein Skye Terrier, der zu John Gray, einem Nachtwächter der Edinburgh City Police, gehörte. Nach seinem Tod wurde John Gray auf Greyfriars Kirkyard begraben, doch Bobby wollte seinen geliebten Freund auch im Tod nicht verlassen und verbrachte den Rest seines Lebens am Grab seines Besitzers. Lokal wurde er während dieser Zeit zu einer kleinen Berühmtheit. Die Treue zu seinem Herrchen löste in den Menschen große Bewunderung aus und die Besitzer eines nahegelegenen Cafés fütterten und pflegten den Hund, der dennoch immer wieder zu John Grays Grab zurückkehrte. Als Bobby 1872 selbst starb, wurde er ebenfalls auf Greyfriars Kirkyard begraben – heimlich, denn eigentlich dürfen dort keine Tiere beigesetzt werden.

Greyfriars Bobby ist auch heute noch in ganz E-dinburgh bekannt und eine Ikone der Stadt. Gegenüber dem Eingang zum Friedhof wurde eine Statue zu seinem Andenken errichtet und die Greyfriars

Bobby's Bar ist eine der beliebtesten in der ganzen Stadt.

National Museum of Scotland

Für Kultur- und Geschichtsliebhaber bietet das National Museum of Scotland unvergessliche Stunden und Informationen zu allem von schottischer Geschichte bis hin zu ausgestorbenen Tierarten. Das Museum befindet sich ganz in der Nähe der Greyfriars Bobby's Bar und des Greyfriars Kirkyard und setzt sich aus dem Museum of Scotland und dem Royal Museum zusammen.

Im Museum of Scotland erfahren Sie alles über die Geschichte Schottlands, beginnend mit der Vorgeschichte und der Entwicklung im Mittelalter, über die politische und ökonomische Entwicklung des Landes während der Industrialisierung und im viktorianischen Zeitalter, bis hin zum Werdegang des Landes in den letzten Jahrzehnten.

Das angrenzende Royal Museum entführt Sie in die Welt der Naturwissenschaften, der Technik und der Kunst. Von der beeindruckenden und lichtdurchfluteten Eingangshalle aus gelangen Sie in Ausstellungsräume mit unterschiedlichen Themenbereichen und können das Museum so ganz nach

Ihrem Interesse erforschen. In der Dauerausstellung befinden sich unter anderem der Körper des ersten geklonten Tieres, des Schafs Dolly, diverse Tierskelette, Ausstellungen zu vielen verschiedenen Kulturen und auch Stücke der modernen Kunst, wie zum Beispiel ein Anzug des Sängers Elton John.

Innerhalb der Ausstellungen gibt es auch viele Möglichkeiten des Ausprobierens und Experimentierens. Man kann zum Beispiel im Abschnitt für Technik Fahrsimulatoren und Lernspiele ausprobieren und auch im Geologiebereich können Sie viele Ausstellungsstücke berühren und genauer erforschen. Daher ist das Museum auch für Kinder besonders gut geeignet. Der Eintritt ist – wie im Großteil der britischen Museen – kostenlos. Egal, ob Sie nur wenige Minuten hier verbringen oder sich gleich für mehrere Stunden ablenken wollen, das National Museum of Scotland bietet vielfältige Unterhaltung für Groß und Klein.

Holyrood Palace

Wenn Sie von Edinburgh Castle aus der Royal Mile folgen, kommen Sie nach 20 Minuten am Palace of Holyroodhouse an. Das Schloss, das häufig als Holyrood Palace bezeichnet wird, ist die Residenz des britischen Monarchen in Schottland seit dem 15. Jahrhundert und wird seitdem regelmäßig für britische Staatsangelegenheiten und Besuche genutzt.

Ein Teil der Innenräume ist für Besucher zugänglich. So kann man sich zum Beispiel die Königsgemächer aus dem 17. Jahrhundert, in Barock- und Renaissance-Stil, ansehen. Der größte Raum des Schlosses, die große Galerie, kann ebenfalls besichtigt werden. Die Galerie ist mit 110 Portraits der schottischen Monarchen geschmückt, beginnend mit Fergus I, der Schottland 300 v. Chr. regiert haben soll.

Legenden besagen, dass der Geist der „Bald Agnes" (zu Deutsch: „Glatzköpfige Agnes") im Schloss nackt umherspuken soll. Agnes Sampson war eine schottische Hebamme, die der Hexerei beschuldigt und 1590 verhaftet wurde. Nach schwerer Folter, bei der ihr unter anderem der Kopf rasiert wurde, gestand Sampson ihre Taten und wurde 1591 am Scheiterhaufen verbrannt.

Arthur's Seat

Arthur's Seat ist der Hausberg von Edinburgh und befindet sich im Holyrood Park, ganz in der Nähe vom Holyrood Palace. Ebenso wie Castle Rock, auf dem Edinburgh Castle steht, ist Arthur's Seat vulkanischen Ursprungs. Die Herkunft des Namens Arthur's Seat ist nicht geklärt, obwohl manchmal vermutet wird, dass der Begriff eine Anspielung auf König Arthur sein soll. Der Name könnte aber auch eine abgeänderte Version vom schottischen „Àrd-na-Said2 („Gipfel der Pfeile") oder „Àrd-thir Suidhe" („Ort auf hohem Grund") sein. Arthur's Seat wird in mythologischen Ansichten als eine der möglichen Plätze, an denen Camelot, das Schloss des Kriegerkönig Arthurs, gestanden haben könnte, gesehen.

NEW TOWN

Princes Street, Princes Street Gardens und National Gallery

Die Princes Street ist die wichtigste Shoppingstraße Edinburghs und bietet außerdem einen hervorragenden Ausblick auf die Old Town und Edinburgh Castle, da die Südseite der Straße kaum bebaut ist. Angrenzend an die Princes Street und im Schatten vom nahegelegenen Edinburgh Castle befinden sich die Princes Street Gardens, zwei benachbarte Parkanlagen, die während der Konstruktion der Neustadt (New Town) entstanden.

Die Gärten werden von „The Mound", einem künstlich angelegten Hügel, der die Old Town und die New Town verbindet, getrennt. Viele wichtige Institutionen Schottlands, wie zum Beispiel die National Gallery und die Bank of Scotland, haben ihren Sitz auf dem Mound.

Die National Gallery ist besonders für Kunstliebhaber ein Muss, denn hier befindet sich nicht nur die umfangreichste Sammlung von Werken schottischer Künstler des 17. bis 19. Jahrhunderts, sondern auch Meisterwerke von renommierten Künstlern wie William Turner. Ebenso wie im National Museum of Scotland ist auch hier der Eintritt frei.

Calton Hill

Am östlichen Ende der Princes Street befindet sich Calton Hill, ein 103 Meter hoher Felsen, von dessen Spitze man einen grandiosen Rundumblick über Edinburgh hat. Doch auch die Gebäude, die auf dem Hügel selbst stehen, sind definitiv einen Blick wert.

Das Nelson Monument soll, wie der Name schon sagt, an Horatio Nelson, den berühmten Seemann, der die Briten zu ihrem Sieg bei Trafalgar geführt hat, erinnern. Das Denkmal wurde 1816 fertiggestellt.

Das National Monument hingegen ist ein aufgrund Spendenmangels nicht vollendetes Denkmal, das den schottischen Soldaten und Seeleuten gedenken soll, die ihr Leben während der napoleonischen Kriege verloren haben. Der Bau des Denkmals, das dem griechischen Parthenon stark gleicht, wurde 1822 begonnen, doch schon 1829 wieder aufgegeben. Die Bauruine wird wegen ihrer Unvollendung auch als „Edinburgh's Disgrace" (zu Deutsch: „Edinburghs Schande") oder als „The Pride and Poverty of Scotland" (zu Deutsch: „Der Stolz und die Armut Schottlands") bezeichnet.

Außerdem befindet sich auf dem Calton Hill das Dugald Stewart Monument, das dem gleichnamigen schottischen Philosophen gewidmet ist. Das 1831 vollendete Denkmal ist eines der beliebtesten Fotomotive Edinburghs und ziert unzählige Fotos, die vom Calton Hill aus Richtung Edinburgh Castle aufgenommen wurden.

Scott Monument

In der Nähe der Princes Street befindet sich das fast unübersichtliche Scott Monument, das, anders als sein Name vermuten lässt, gar nichts mit den Schotten selbst zu tun hat, sondern als Denkmal für den schottischen Autoren Sir Walter Scott erbaut wurde. Das Denkmal ist 61 Meter hoch und damit weltweit das zweitgrößte Denkmal, das für einen Autoren errichtet wurde.

Das Scott Monument wurde im gotischen Stil in den 1840er Jahren erbaut und wird, abgesehen von einer Statue von Scott in der Mitte des Denkmals, von 68 weiteren Statuen geschmückt.

EDINBURGH AM WASSER

Natur und Architektur im Einklang:
Das Dean Village

Eine versteckte Sehenswürdigkeit Edinburghs, die Sie sich nicht entgehen lassen dürfen, ist das Dean Village. Es handelt sich hierbei um ein ehemaliges Dorf im Nordwesten des Stadtinneren, das insbesondere für Getreidemühlen benutzt wurde. Das Dean Village war unabhängig, bis es Anfang des 19. Jahrhunderts vom Bürgermeister Edinburghs erworben wurde.

Dean Village beeindruckt insbesondere mit wunderschöner Architektur, die sich am Rande des Water of Leigh, Schottlands wichtigstem Flusslauf, entlangschlängelt. Besuchen Sie das Village am besten bei gutem Wetter; das Zusammenspiel der alten Gebäude mit der umgebenen Natur ist hier besonders schön anzusehen.

Zum Dean Village zu gelangen gestaltet sich sehr einfach. Die Edinburgh Hop-on/Hop-off Busse bringen Sie schnell an Ihr Ziel. Falls Sie lieber zu Fuß unterwegs sind, erreichen Sie das Dean Village von der Stadtmitte aus ebenfalls in einer halben Stunde.

Ein Spaziergang durch das Dean Village wird Ihnen die Persönlichkeit Edinburghs zeigen: Eine Großstadt, in Einklang mit der Natur, in friedlicher Koexistenz.

HMY Britannia

Auch in Edinburgh ist das Meer nicht fern. Per Bus erreicht man Leith, Edinburghs historische Hafenstadt, in nur wenigen Minuten. Neben zahlreichen Pubs, Fischlokalen und dem Ocean-Terminal-Einkaufszentrum ist das Highlight eines Trips nach Leith aber ohne Zweifel die royale Yacht Britannia (offizieller Titel „Her Majesty's Yacht Britannia", zu Deutsch: „Die Yacht Ihrer Majestät Britannia").

Die Britannia war von 1954 bis 1997 als Königliche Yacht der britischen Monarchin König Elizabeth II in Gebrauch und hat die königliche Familie und weitere Würdenträger in diesem Zeitraum fast 700 Mal ins Ausland transportiert. Prinz Charles und Prinzessin Diana verbrachten im Jahre 1981 sogar ihre Flitterwochen auf der Yacht. Außerdem sollte das Schiff der königlichen Familie einen sicheren Rückzugsort im Falle eines Atomkriegs bieten. Doch nicht nur das britische Königshaus profitierte von der Yacht: So wurden im Jahre 1986 mithilfe des Schiffes 1.000 Flüchtlinge des Jemenitischen Bürgerkriegs evakuiert.

1997 wurde die Britannia außer Dienst gestellt. Die jährlichen Betriebskosten des Schiffes beliefen sich auf über 30 Millionen Pfund, die zur damaligen Zeit von britischen Steuerzahlern aufgebracht wurden. Die königliche Familie selbst wollte diese Kosten nicht tragen, daher wurde die Britannia auch nicht durch ein neues Schiff ersetzt. Als Verabschiedung gab es eine feierliche Zeremonie, die vom Großteil der Königsfamilie besucht wurde und bei der sogar Königin Elizabeth eine Träne vergossen haben soll, als sie das letzte Mal von Bord ging.

Heutzutage ist die Britannia ein Museumsschiff, das im Hafen von Leith besichtigt werden kann. Im Ocean-Terminal-Einkaufszentrum befindet sich eine

Ausstellung zur Geschichte und Konstruktion des Schiffes, durch die man auch in das Schiff selbst gelangt. Hier kann man die Räumlichkeiten der Königsfamilie auf der Yacht genauer unter die Lupe nehmen. Von den Restaurants im Ocean-Terminal hat man außerdem eine hervorragende Aussicht auf die Britannia und die weiteren Schiffe im Hafen.

AUF DEN SPUREN DER MAGIE IN EDINBURGH

Edinburgh ist eine Stadt, mit der sich viele alte Erzählungen beschäftigen. Hier lassen sich in jeder Ecke andere Geschichten finden. Diese Geschichten müssen aber nicht unbedingt jahrhundertealte Kriegsgeschichten oder Märchen sein, denn auch die berühmteste Geschichte der Neuzeit hat viele Ursprünge in Edinburgh. Niemand geringeres als J. K. Rowling hat hier den Großteil ihrer renommierten „Harry Potter"-Saga geschrieben und wenn man Edinburgh genauer unter die Lupe nimmt, so findet man die Magie in allen Ecken. Werfen Sie nur mal einen genaueren Blick auf die Grabsteine auf dem Greyfriars Kirkyard. Hier ist unter anderem ein gewisser William McGonagall begraben, dessen Namen Rowling für die strenge Hauslehrerin von Gryffindor übernahm. Auch ein gewisser Thomas Riddle ist hier begraben, dessen Namen nach seinem Tod nun mit einem der berühmtesten Filmbösewichte aller Zeiten verbunden wird.

Direkt hinter dem Friedhof befindet sich die Privatschule George Heriot School, ein beeindruckendes altes Gebäude aus dem Jahre 1628, das bei näherem Hingucken stark an Hogwarts erinnert. Den besten Ausblick auf die Schule hat man von der Victoria Terrasse, bei Harry Potter Fans ist allerdings besonders die Aussicht vom Friedhof her beliebt. Genau wie Hogwarts hat auch George Heriot vier verschiedene Türme und die Schüler werden in vier Häuser aufgeteilt.

Ein echter Hingucker ist auch die Victoria Street, die nicht nur aufgrund ihrer interessanten Architektur begeistert, sondern auch die Inspiration für die Winkelgasse ist. Laufen Sie einmal gemütlich durch die Straße und sehen Sie sich die kleinen Läden an: Hier würde es Sie auch kaum wundern, wenn neben einem kleinen Café plötzlich ein Laden für Zauberstäbe auftauchen würde. Für Liebhaber von

Zaubertricks finden Sie am Ende der Straße sogar einen echten Zauberladen. Und wer weiß, vielleicht sprühen ja wirklich die Funken, wenn Sie hier Ihren Zauberstab schwingen. Für Mitbringsel aus der magischen Welt von Harry Potter ist natürlich auch gesorgt, denn ein Harry Potter-Shop lässt sich hier auch leicht finden.

Ein weiteres Highlight für alle Harry Potter-Fans ist das Elephant Café. Hier hat J. K. Rowling einen Großteil der Bücher verfasst – und ein bisschen magisch fühlt es sich schon an, wenn man es das erste Mal betritt. Eine Besonderheit sind die Toiletten: Hier haben sich im Laufe der Jahre Tausende von Fans verewigt. Ein Besuch im Café ist also ein Muss, aber man sollte ein bisschen Zeit einplanen; wie Sie sich denken können, sind Sie nicht der einzige Fan, der sich für den „Geburtsort von Harry Potter", wie sich das Café bezeichnet, interessiert.

Als J. K. Rowling zu berühmt wurde, um ungestört in der Öffentlichkeit zu schreiben, buchte sie sich im Balmoral Hotel ein, um fernab von neugierigen Fans ihr Werk zu vollenden. 2007 beendete sie das letzte Buch ihrer Reihe „Harry Potter und die Heiligtümer des Todes" im Zimmer 552, das heute als J. K. Rowling Suite bekannt ist. Hier hat sich die Autorin auch mit einer Unterschrift verewigt. Wer sich das Zimmer genauer angucken will, muss allerdings viel Geld mitbringen: Die „Magical Experience" inklusive Harry Potter Tour durch Edinburgh und einer Nacht in der Suite ist ab 2.500 Pfund erhältlich.

Begeben Sie sich also auf die Suche nach der Magie von Harry Potter in Edinburgh: Sie werden nicht enttäuscht sein. Falls Sie an weiteren Informationen zu der Entstehung von Harry Potter in Edinburgh interessiert sind, ist es außerdem immer hilfreich, an einer der vielfach angebotenen Harry Potter Touren teilzunehmen.

REISE IN DIE HIGHLANDS

Edinburgh verzaubert seine Besucher mühelos mit seiner eindrucksvollen Architektur, die so im Einklang mit der schottischen Natur zu liegen scheint.

Sei es im Dean Village oder an Arthur's Seat, Edinburghs Umwelt und Baukunst scheinen auf nahezu magische Weise zu verschmelzen.Wenn Sie sich aber dennoch nicht an der schottischen Landschaft sattsehen können, ist eine Reise in die

Highlands genau das Richtige für Sie.

Über den schottischen Highlands liegt seit jeher ein Hauch von Geheimnis und die Geschichte des Landes versteckt sich in jeder Pfütze und hinter jedem Baumwipfel. Hier ist für jeden Reisenden etwas dabei: Ob Sie sich nun durch die majestätischen Berge und an den mysteriösen Lochs (Seen) vorbei bewegen oder lieber die östlichen Küstenlandschaften Schottlands besichtigen.

Von Edinburgh aus gestaltet sich die Reise in den Norden Schottlands sehr einfach. Hier können Sie aus zahlreichen Trips wählen – ganz nach Ihren Interessen. Tagestouren mit dem Bus, Wandertouren, alles was das Herz begehrt.

Die wohl beliebteste Bustour führt Sie für wenig Geld und innerhalb nur eines Tages an drei der interessantesten Orte der Highlands. Auf dem Weg durch die Berge und Täler erreichen Sie nach wenigen Stunden Glen Coe, das berühmt-berüchtigte Schlachtfeld der Highland-Clans. 1692 richteten sich hier königliche Soldaten gegen den Highland-Clan der McDonalds und massakrierten die Bewohner des Tals – und all das aufgrund eines unglücklichen Missverständnisses. Seitdem ist Glen Coe auch als

„Tal der Tränen" bekannt.

Weiterhin führt Sie die Tour durch Inverness, die einzige Stadt der Highlands mit dem Status einer „City" und damit auch die nördlichste Stadt Schottlands. Inverness und seine Umgebung haben bedeutungsschwere Geschichte: Hier regierte im 11. Jahrhundert der echte Macbeth, wenn auch nicht ganz so grausam, wie Shakespeare es schilderte. Auch hier ist ein berühmtes Schlachtfeld nicht fern: Culloden, wo die Jakobiten ihre letzte Schlacht gegen britische Regierungstruppen schlugen.

Der Höhepunkt einer Reise durch die Highlands ist natürlich – wie könnte es auch anders sein – Loch Ness, der geheimnisumwobene See, der angeblich ein Seeungeheuer, genannt Nessie, beherbergen soll.

Für Fans des Abenteuers und der undurchsichtigen Geschichte des Monsters von Loch Ness bietet sich hier die Möglichkeit, selbst nach dem berühmten Ungeheuer Ausschau zu halten. Historisch Begeisterte haben hier zudem die Möglichkeit, die Burgruinen von Urquhart Castle, die am Rande des Sees liegen, zu besichtigen. Und natürlich gibt es auch die Möglichkeit einer entspannten Schifffahrt über den berühmten See, um einfach mal die

Aussicht zu genießen.

Wenn Ihre Begeisterung nun noch nicht geweckt ist, dann begeben Sie sich doch mal selbst auf die Suche nach Ihrer Wunschreise. Ob von Ruine zu Ruine, von Dorf zu Dorf oder von See zu See, die schottischen Highlands haben unglaublich viel zu bieten: Wunderschöne Landschaften, geschichtsträchtige Stätten oder gemütliche Cafés. Und das alles nur einen Katzensprung von Edinburgh entfernt.

Schlafen und Speisen in Edinburgh

Neben zahlreichen beeindruckenden Sehenswürdigkeiten ist in Edinburgh natürlich auch für das seelische Wohl gesorgt. Hier finden Sie eine Liste einiger sehr empfehlenswerter Restaurants und Hotels, in denen Sie sich ausruhen können, um am nächsten Tag wieder voll durchzustarten.

Wir beginnen in den Listen hier immer mit etwas kostspieligeren Einrichtungen und kommen am Ende unserer Auflistungen zu günstigeren Zielen.

HOTELS

Das Balmoral-Hotel ist ohne Frage das berühmteste der ganzen Stadt. Die Fünf-Sterne-Einrichtung ist ein echtes Wahrzeichen Edinburghs und befindet sich im Herzen der Stadt am östlichen Ende der Princes Street in der New Town. Das Hotel ist auch in der Welt der Medien und Stars nicht unbekannt. Stars wie Oprah Winfrey und Michael Palin haben hier schon die Nacht verbracht und nach J. K. Rowling ist hier sogar ein eigener Raum benannt, der seit Jahren ein beliebtes Reiseziel für Harry Potter-Fans darstellt.

Das Gegenstück zum Balmoral-Hotel ist das nicht weniger renommierte Waldorf Astoria Edinburgh, das Caledonian Hotel, das sich am westlichen Ende der Princes Street befindet. Das Hotel war zu Beginn des 20. Jahrhunderts als Teil des Princes Street Bahnhofs erbaut worden.

Bei beiden Einrichtungen kann man mit Preisen

von 300 Euro + pro Nacht rechnen.

Ebenfalls sehr zentral gelegen und deutlich günstiger als das Balmoral- und das Caledonian-Hotel ist das Apex Grassmarket Hotel, das sich, wie es der Name schon sagt, am Grassmarket befindet. Das Hotel ist eine perfekte Wahl für Gäste, die gerne sehr zentral in Edinburgh bleiben möchten. Es überzeugt mit seinem freundlichen Personal und gut eingerichtetem Restaurant, Wäscheservice und Bar sowie mit guter Einrichtung der Zimmer. Diese kosten ab 100 Euro pro Nacht.

In der Princes Street befindet sich das Old Waverley Hotel, ein Drei-Sterne- Etablissement, das eine wundervolle Mischung aus altehrwürdigem viktorianischem Stil und modernem Komfort bietet. Das Hotel ist auch von außen ein prächtiges Gebäude, das eine hervorragende Aussicht auf Edinburgh Castle und das Scott Monument ermöglicht. Ein Doppelzimmer im Hotel ist ab 70 Euro erhältlich.

Reisen Sie mit knappem Budget und würden gerne näher am Flughafen bleiben, ist das ibis budget Hotel Edinburgh Park genau die richtige Bleibe für Sie. Mit Bushaltestellen direkt vor der Tür, die Sie zum Flughafen oder in die Innenstadt bringen, Frühstücksbuffet und komfortabler Einrichtung ist auch hier eine Reise nach Edinburgh sehr zu genießen. Ein Doppelzimmer kann hier schon ab 40 Euro pro Nacht gebucht werden.

Auch etwas außerhalb von Edinburghs lebhafter Innenstadt gibt es viele Unterkünfte, die einen Besuch wert sind. Im Stadtteil Morningside, von dem aus die Innenstadt mit dem Bus in 20 Minuten gemütlich zu erreichen ist, stehen rund ums Jahr viele Ferienwohnungen zu günstigen Preisen zur Verfügung. Die Wohnungen bieten großen Komfort und etwas Ruhe in Schottlands bunter Hauptstadt.

RESTAURANTS

Besonders an Edinburghs Royal Mile gibt es eine Vielzahl großartiger Restaurants, in denen man eine leckere Mahlzeit genießen und sich von anstrengenden Sightseeing-Trips erholen kann. Das preisgekrönte Wedgwood Restaurant ist das perfekte Ziel für alle, die die traditionelle schottische Küche einmal richtig probieren wollen. Für 50 Pfund können Sie hier das Wee Tour of Scotland taster menu bestellen und verschiedenste schottische Gerichte ausprobieren.

In der Nähe des Edinburgh Castle lockt das Restaurant The Witchery, das, wie der Name schon sagt, eine mystische und magische Atmosphäre liefert. Auch dieses Lokal bietet vor allem traditionelle schottische Mahlzeiten an und hat schon berühmte Gäste wie Michael Douglas und James-Bond-Darsteller Pierce Brosnan bedient. Hier keine Sorge, wenn Ihr Budget nicht mit dem der Hollywood-Stars mithalten kann: The Witchery bietet auch viele verschiedene Menü-Optionen zu günstigen Preisen.

Mit exzellenter Aussicht auf Edinburghs Old Town ist an der Royal Mile auch das Ondine einen Besuch wert. Das Restaurant soll die besten Fischgerichte der ganzen Hauptstadt anbieten, mit einer wundervollen Mischung aus lokalen Produkten des nahegelegenen Hafens und zahlreichen Artikeln aus ganzer Welt.

Für Liebhaber eines guten Burgers und eines guten Biers ist das The Holyrood 9A zu empfehlen. Auch Fans eines guten Weins oder Cocktails haben hier eine große Auswahl an Getränken. Das Restaurant bietet verschiedenste Gourmet Burger-Optionen und ist auch spät noch geöffnet, falls sich ein

Erkundungstrip der Innenstadt mal bis in die Nacht hineinzieht.

Falls es Sie ans Meer in Edinburghs entzückende Hafenstadt Leith gezogen hat, ist das Old Chain Pier zu empfehlen. Mit hervorragender Aussicht auf den Hafen und einem abwechslungsreichen Angebot an Speisen und Getränken ist das Etablissement sowohl für eine gute Mahlzeit als auch für einen schnellen Drink die perfekte Wahl.

CAFÉS

Eines der schönsten Cafés Edinburgh befindet sich in der Nähe der Altstadt in der Nicolson Street. Das Spoon Café ist von außen zwar relativ unscheinbar, von innen aber mit viel Liebe gestaltet und strahlt eine gemütliche Wärme aus. Auch hier soll J. K. Rowling etliche Stunden verbracht haben, um an Harry Potter zu schreiben, doch das Café ist relativ unbekannt, sodass hier ein paar angenehme Stunden ohne viel Tumult und Lärm verbracht werden können.

Eines der Lieblingscafés vieler Studenten in E-dinburgh ist das Black Medicine, das mit seinem uramerikanischen Stil bezaubert und dessen Design stark von der Kultur amerikanischer Ureinwohner inspiriert ist.

The Milkman im Herzen von Edinburghs Old Town entzückt von außen mit seiner steinernen Fassade und von innen mit modernem Charme. Sitzplätze sind hier häufig nicht verfügbar, doch für einen Spaziergang durch die Altstadt eignet sich ein Kaffee aus dem Milkman perfekt.

Für echte Kaffee-Liebhaber ist ein Besuch im Artisan Roast ein Muss. Mit mittlerweile drei Filialen in Edinburgh hat sich die Café-Kette mit ihrem hochwertigen Fair Trade- Kaffeebohnen einen Platz in den Herzen der Anwohner und Touristen gesichert. Die Marke gehört zu den beliebtesten in Großbritannien und überzeugt mit Qualität und einer vielfältigen Auswahl.

Den besten Kuchen Edinburghs findet man in The Pastry Section in Stockbridge. Von Teilchen und Torten über Tartes und Kuchen gibt es hier alles, was das Herz begehrt.

Für weitere fabelhafte Cafés lohnt sich ein Spaziergang über den Grassmarket Richtung Victoria Street. Die zahlreichen Coffeeshops und

Imbissbuden locken mit preisgünstigen und interessanten Angeboten. Hier können Sie zum Beispiel auch die berühmten schottischen Haggis probieren.

Anreise und Verkehr in Edinburgh

D ie Anreise nach Edinburgh ist natürlich von
Deutschland aus per Flugzeug am einfachs-
ten. Der Flug nimmt nur angenehme ein bis
zwei Stunden in Anspruch und wenn der Himmel
wolkenlos ist, dann können Sie hier den Ausblick auf
die See genießen. Besonders günstige Flüge in die
schottische Hauptstadt bieten easyJet, Eurowings
und Ryanair an. Von manchen deutschen Flughäfen

können Sie schon für unter 20 Euro nach Edinburgh fliegen. Falls Sie sich im Westen befinden, lohnt sich auch einmal ein Blick auf Flüge von Luxemburg – diese sind oft besonders kostengünstig. Für Flüge mit etwas mehr Komfort und Serviceleistungen sind die deutsche Lufthansa und British Airways zu empfehlen.

Edinburghs Flughafen befindet sich nur 13 Kilometer außerhalb der Innenstadt und der Nahverkehr zwischen Stadt und Flughafen ist hervorragend geregelt. Falls ein Auto zur Verfügung steht oder eine Fahrt mit dem Taxi bevorzugt ist, erreicht man Edinburgh am besten über die Autobahn A8. Es gibt aber auch gute Bus- und Straßenbahnverbindungen, die Innenstadt und Flughafen verknüpfen. Mindestens alle 10 Minuten fährt der Bus Airlink von der Haltestelle D am Flughafen ab und bringt Reisende bis zur Waverley Railway Station, Edinburghs Hauptbahnhof, der sich ganz in der Nähe der Royal Mile befindet. Tickets können beim Busfahrer selbst, im Flughafen oder auch schon vorher im Internet gekauft werden und kosten 4,50 Pfund für eine einfache Fahrt und 7,50 Pfund für Hin- und Rückfahrt. Es ist mit einer Fahrzeit von ungefähr 30 Minuten zu rechnen. Falls Sie nicht direkt in die Innenstadt fahren wollen, lohnt es sich, die Route des Skylink zu checken – die Busse bringen Sie sogar bis an die Küste in Leith.

Außerdem fährt Edinburghs Tram in der Zeit zwischen 6:15 Uhr morgens und 22:45 Uhr alle 7 Minuten Richtung Innenstadt. Eine Fahrt vom Flughafen bis zur Waverley Station nimmt ungefähr 40 Minuten in Anspruch, ein Ticket kostet 6 Pfund für Erwachsene.

Edinburgh ist außerdem hervorragend via Zug zu erreichen, falls eine Weiterreise in Schottland oder im restlichen Großbritannien geplant ist. Der klare Vorteil dieser Art von Reisen ist der wunderbare Ausblick, insbesondere wenn Sie mit dem Zug an der Küste entlang Richtung England unterwegs sind, doch auch die Fahrt durch die schottische Natur ist einen Blick wert. Zugfahrten sollten ebenfalls möglichst früh gebucht werden, um mögliche Rabattaktionen in Anspruch zu nehmen.

Von A nach B in Edinburgh

In Edinburgh selbst ist es auch nicht allzu kompliziert, von Ort zu Ort zu kommen. Auch wenn Ihre Unterkunft etwas außerhalb der Innenstadt liegt, kommen Sie mit dem Bus schnell und für wenig Geld zu Ihrem Ziel. Hier ist allerdings etwas Vorsicht geboten, denn das Busfahren in Edinburgh hat so seine Eigenarten. Während Sie eine Busfahrtkarte für eine Einzelfahrt für unter 2 Pfund und eine Tageskarte für nur 4,50 Pfund erhalten, müssen Sie hier immer passend zahlen! Versuchen Sie, mit einem Schein zu zahlen, wird der Busfahrer Sie freundlich darauf hinweisen, dass er Ihnen kein Wechselgeld herausgeben kann.

Wie in vielen Großstädten gibt es auch in Edinburgh sogenannte Hop-on/Hop-off Bustouren entlang der berühmten Sehenswürdigkeiten der Stadt, diese sind aber mit 20 Euro für 24 Stunden unbegrenztes Fahren nicht unbedingt günstig.

Falls eine Strecke mal nicht so gute Busverbindungen aufweist oder es mal schneller gehen muss, ist eine Taxifahrt gut bezahlbar und auch Uber ist in der Stadt verfügbar.

Tipps für den kleinen Geldbeutel

Die Bustickets in Edinburgh sind zwar nicht allzu teuer, aber die Sehenswürdigkeiten der Old Town und der New Town sind auch zu Fuß gut erreichbar. Mal abgesehen von Fortbewegungsmöglichkeiten ist ein Spaziergang durch die Innenstadt sowieso schöner als ein Aufenthalt in den manchmal überfüllten Verkehrsmitteln.

Falls eine Strecke dann doch mal zu weit für Spaziergänge ist, empfiehlt sich die „Transport for Edinburgh"-App, mit der man Tages- und Einzeltickets je nach Wunsch kaufen kann. Ein Buspass für alle Tage sollten Sie sich besser nicht anschaffen, wenn Sie gut zu Fuß sind – er wird vermutlich nicht oft gebraucht werden.

Wie auch im Rest Großbritanniens ist der Eintritt in Edinburghs Museen umsonst. Für ein paar unterhaltsame Stunden in der Stadt eignen sich das National Museum of Scotland oder die National Gallery hervorragend.

Für weitere kostenlose Unterhaltung in Schottlands Hauptstadt ist der einstündige Aufstieg von Arthur's Seat, dem Vulkanfelsen am Holyrood Palace, zu empfehlen – die Aussicht von oben lohnt alle Mühen. Falls eine kleine Wanderung bevorzugt wird, ersteigen Sie Calton Hill. Der Aufstieg dauert nicht allzu lange und auch von hier hat man eine phänomenale Aussicht über Edinburghs Innenstadt.

An sich gilt: Vermeiden Sie möglichst viele Touristenfallen. Eine Besichtigung Edinburgh Castles lohnt sich zwar, aber das Edinburgh Dungeon bietet für seinen teuren Eintrittspreis auch nicht mehr als das Hamburg oder Berlin Dungeon – da lohnt sich eine von Edinburghs Geistertouren allemal mehr.

Tickets für Sehenswürdigkeiten bestellen Sie

am besten schon vor Reisebeginn; im Internet sind die Karten häufig günstiger verfügbar und Sie müssen nicht lange anstehen.

Edinburgh verfügt über ein riesiges Angebot an Stadttouren mit verschiedensten Themenschwerpunkten, aber auch hierfür muss die Geldbörse nicht geleert werden: Eine allgemeine Stadttour mit Informationen zu den wichtigsten Sehenswürdigkeiten und Anekdoten zur Stadtgeschichte, eine auf die Entstehung von Harry Potter fokussierte Tour und auch eine Tour über Geister- und Spukgeschichten werden alle kostenlos angeboten.

Aufgrund der vielen Festivals ist ein Besuch in Edinburgh gerade im Sommer eine kostspielige Angelegenheit und auch eine Bleibe zu finden, gestaltet sich dann nicht immer einfach. Wenn Sie also nicht extra für die Festivals nach Edinburgh reisen, vermeiden Sie bei der Wahl des Reisezeitpunkts die Festival-Saison.

Zum Abschluss

Abschließend lässt sich sagen, dass Edinburgh ganz oben auf der Liste der schönsten Reiseziele im Vereinigten Königreich steht. Die Stadt vereint ihre beeindruckende altehrwürdige Architektur der Old Town mit den modernen Shoppingmeilen der New Town und erschafft so eine einzigartige Atmosphäre.

Edinburghs Royal Mile bietet die schönsten Sehenswürdigkeiten der Stadt: Das Edinburgh Castle, das Königsschloss Holyrood Palace, die imposante Stadtkirche St. Giles Cathedral und den bunten Grassmarket. Die Stadt liegt in Einklang mit der umliegenden Natur und gewinnt so eine besondere Art von natürlichem Charme.

Die New Town begeistert hingegen mit ihren bunten Geschäften und Cafés, die zahlreiche Shoppingmöglichkeiten, aber auch Chancen für Entspannung bieten. Der Vulkanfelsen Arthur's Seat und der Calton Hill-Hügel bieten Wandermöglichkeiten mit genialem Ausblick und das Dean Village bezaubert mit seinem Flusslauf entlang des alten Mühlendorfes im Nordwesten des Stadtinneren. In nur wenigen Minuten erreicht man Edinburghs Hafenviertel Leith und kann die ehemalige Yacht des britischen Königshauses besichtigen oder sich auf einen gemütlichen Spaziergang am Wasser entlang begeben.

Edinburgh ist eine Stadt der alten Legenden und verrückten Geschichten: Egal, ob es um die Haggis-Fabeltiere, den kuriosen Diebstahl des Stone of Scone, das wunderliche Überleben der halb erhängten Maggie oder den Spuk in den unterirdischen Gassen Edinburghs geht, manche dieser Geschichten klingen fast zu unglaublich, um wahr zu sein. Für Harry Potter- Fans ist Edinburgh das perfekte Reiseziel – J. K. Rowling hat sich an vielen Orten in der Stadt für ihre berühmten Romane inspirieren lassen, auf deren Spuren Fans bis heute wandeln. Und nur einen Katzensprung von Edinburgh entfernt locken auch schon die schottischen Highlands mit geheimnisumwobenen Orten voller mystischer Sagen und felsiger Anrichten.

Wir hoffen, dass wir Sie für Edinburgh begeistern konnten; dass Sie ebenso viel Spaß am Besuch der Stadt finden wie wir. Tauchen Sie ein in schottische Geschichte und Architektur, erleben Sie die schottische Kultur und die Bräuche des Landes. Lassen Sie sich von Edinburgh verzaubern.

Herstellung und Verlag:
BoD – Books on Demand, Norderstedt
ISBN: 9783751977210

1. Auflage
Kontakt: Psiana eCom UG/ Berumer Str. 44/ 26844 Jemgum
Covergestaltung: Fenna Larsson
Coverfoto: depositphotos.com